Florian Beerenkämper • Marcel Bohnert •
Anja Buresch • Sandra Matuszewski

Der innerafghanische Friedens- und Aussöhnungsprozess

Folgerungen für die künftige deutsche Beteiligung an internationalen Operationen zur Krisenbewältigung in fragilen Staaten

Standpunkte und Orientierungen: Band 8
Herausgegeben von Uwe Hartmann

Der innerafghanische Friedens- und Aussöhnungsprozess

Folgerungen für die künftige deutsche Beteiligung an internationalen Operationen zur Krisenbewältigung in fragilen Staaten

Florian Beerenkämper • Marcel Bohnert •
Anja Buresch • Sandra Matuszewski

2016

Carola Hartmann Miles-Verlag

Bibliografische Information der Deutschen Nationalbibliothek
Die Deutsche Nationalbibliothek verzeichnet diese Publikation in der Deutschen Nationalbibliografie; detaillierte bibliografische Daten sind im Internet über www.dnb.de abrufbar.

© 2016 Carola Hartmann Miles-Verlag

www.miles-verlag.jimdo.com

email: miles-verlag@t-online.de

Herstellung: Books on Demand, Norderstedt

Printed in Germany

ISBN 978-3-945861-40-0

Inhalt

1. Einleitung

Mit der Übergabe der Sicherheitsverantwortung von der internationalen Staatengemeinschaft an die afghanische Regierung Ende 2014 und dem damit einhergehenden Abschluss der ISAF-Mission war nicht nur die Hoffnung verbunden, dass das Land eigenständig für Stabilität und Sicherheit sorgen kann, sondern dass damit auch der gesamtgesellschaftliche Friedensprozess entscheidend voran getrieben wird. Beides ist bisher nicht eingetreten. Stattdessen hat die Gewalt im Land seit Jahresende 2014 ein Besorgnis erregendes Ausmaß angenommen. Hunderttausende Afghanen fliehen derzeit vor der neuerlichen Eskalation des Bürgerkrieges. Viele Distrikte sind inzwischen wieder in die Hände der Taliban gefallen. Die afghanische Regierung konnte bis heute noch nicht zeigen, dass sie in der Lage ist, ihr Gewaltmonopol auch weit außerhalb der Hauptstadt Kabul durchzusetzen. Dadurch ist auch der seit 2010 international massiv unterstützte Friedensprozess ins Stocken geraten.

Die vorliegende Analyse befasst sich vor diesem Hintergrund mit den Ansätzen zur Etablierung eines Friedensprozesses in Afghanistan sowie dem damit einhergehenden entwicklungspolitischen Engagement der Bundesrepublik Deutschland. Sie versucht anhand dessen, Folgerungen für die künftige deutsche Beteiligung an internationalen Operationen zur Krisen- und Konfliktbewältigung abzuleiten.

2. Bestandsaufnahme

2.1 Historischer Kontext des Engagements in Afghanistan

Im Jahr 1992 wurde die von der ehemaligen Sowjetunion unterstützte afghanische Zentralregierung unter Präsident Mohammed Nadschibullāh im Rahmen eines jahrelangen Bürgerkrieges gestürzt und die Macht an den Rat der Mujaheddin unter Führung von Sibghatullah Modschaddedi übertragen. Bereits zwei Monate danach folgte Burhānuddin Rabbāni[1] als Präsident. Ab 1994 eroberte die aus pakistanischen Koranschulen und paschtunischen Flüchtlingen entstandene Bewegung der Taliban unter ihrem Führer Mullah Omar sukzessive weite Teile des Landes. Dabei wurde sie von einer terroristischen Vereinigung, hauptsächlich saudi-arabischer Kämpfer, unterstützt, der Al-Qaida. Am 27. September 1996 übernahmen die Taliban dann endgültig die Macht im Land und gründeten das Islamische Emirat Afghanistan. Bis 2001 verbreiteten die Taliban einen radikal ausgelegten, an den Wahhabismus angelehnten, Islam.

Im September 2001 kam es zum Mord an einem der letzten verbliebenen Widersacher der Taliban, Ahmed Shah Massoud, dem ehemaligen Verteidi-

---

[1] Anmerkung: Führer der islamistisch-konservativen, tadschikisch geprägten Dschamiat-i Islāmi Partei.

gungsminister Afghanistans im Kabinett Rabbānis. Er hatte sich den islamistischen Radikalen mit seinen Truppen der so genannten Nordallianz, einem militärisch-politischen Zweckbündnis gegen die Taliban, zuletzt noch im Pandschschir-Tal[2] entgegengestellt. Zwei Tage nach Massouds Ermordung erfolge der Angriff von Al Qaida-Terroristen auf Ziele in den Vereinigten Staaten von Amerika, woraufhin sich eine internationale, US-geführte Koalition zur Zerschlagung des Terrornetzwerkes und des Taliban-Regimes bildete.[3] Die im Oktober 2001 begonnene Militäroperation hatte zur Folge, dass die Talibanführung bis Anfang Dezember 2001 entmachtet wurde und aus Afghanistan floh. Die daraufhin stattfindende internationale Petersberg-Konferenz bei Bonn legte die politische Zukunft Afghanistans fest, ohne die besiegten Taliban entsprechend zu berücksichtigen. Neben der Überwachung und Unterstützung des Wiederaufbaus Afghanistans durch die Vereinten Nationen sollte zudem die ISAF (International Security Assistance Force) diesen Prozess solange absichern, bis die Zentralregierung in der Lage ist, die Sicherheit im Land aus eigener Kraft zu ga-

---

[2] Anmerkung: Die strategisch wichtige Verbindungsstraße im tief in den Hindukusch eingeschnittenen Pandschschir Tal im Nordosten Afghanistans führt von Kabul in den Norden des Landes.

[3] Anmerkung: Nach den Anschlägen des 11. Septembers 2001 beschloss die NATO erstmals die Bündnisverteidigung nach Artikel 5 des Washingtoner Vertrages.

rantieren. Seit 2002 wurde dafür eine Provincial Reconstruction Team (PRT)-Struktur geschaffen, die zivilen Wiederaufbau und militärisches Engagement koordinieren sollte.[4]

Im August 2003 übernahm die NATO die Führung der ISAF-Mission von den USA. Das ISAF-Mandat war anfangs auf die Region in und um die Hauptstadt Kabul beschränkt, um die dortige Sicherheit und die Handlungsfähigkeit der afghanischen Übergangsregierung zu gewährleisten. Im Oktober 2003 verlängerten die Vereinten Nationen das Mandat der ISAF und erweiterten es auf Gesamtafghanistan [United Nations Security Council Resolution (UNSCR) 1510]. Diese Resolution war zudem die Grundlage für eine Drei-Wege-Partnerschaft zwischen der Übergangsregierung von Afghanistan, UNAMA (United Nations Assistance Mission in Afghanistan) und ISAF mit dem Ziel, die Sicherheit auch außerhalb der Hauptstadt Kabul zu garantieren.[5] Die traditionelle große Ratsversammlung von einflussreichen Stammesältesten, Loya Jirga, bestätigte den aus Südafghanistan stammenden paschtunischen Präsidenten Hamid Karzai, der bis 2014 das Land demokratisch legitimiert regierte. Dessen unge-

---

[4] Vgl. Ernst-Christoph Meier, Andreas Hannemann & Rainer Meyer zum Felde (2012): Wörterbuch zur Sicherheitspolitik, Mittler & Sohn, S. 15ff.
[5] Vgl. Nato.int: ISAF's mission in Afghanistan 2001-2014 http://www.nato.int/cps/en/natohq/topics_69366.htm [Abruf: 20.05.2016]

achtet eroberten die Taliban seit 2002 die Kontrolle über einzelne, meist paschtunisch besiedelte Gebiete zurück und etablierten Schattenstrukturen, die sie als Ausgangsbasis für weitere Angriffe im ganzen Land nutzten und bis heute nutzen. Die internationale Gemeinschaft unterstrich zwar wiederholt die vorrangig afghanische Verantwortung (Afghan Ownership) für Regierungsführung, Sicherheit und Entwicklung, erweiterte aber ihr politisches und militärisches Engagement stetig. Die massive Aufstockung der US-Streitkräfte im Irak hatte seit 2007 erste Erfolge in der Verbesserung der Sicherheitslage des Landes gezeigt. Diese positiven Erfahrungen sollten von 2009 an auch in Afghanistan umgesetzt werden. Die zivilen und militärischen Aktivitäten der USA und ihrer Verbündeten wurden deshalb massiv ausgebaut (Afghan Surge), bis die US-Administration im Januar 2013 die Entscheidung traf, die aktive militärische Unterstützung bis Ende 2014 zu beenden. Der damalige Präsident der Vereinigten Staaten, Barack Obama, hatte zuvor im Wahlkampf die Beendigung des Afghanistan-Einsatzes angekündigt. Mit dem Abschluss des ISAF-Einsatzes und dem Übergang zur Resolute Support-Mission (RS) konzentriert sich die internationale Gemeinschaft seit 2015 lediglich auf die Ausbildung und Beratung afghanischer Sicherheitskräfte und der Sicherheitsinstitutionen. Mit diesem Schritt ging eine massive Verminderung der

Truppenstärke der Alliierten einher.[6] Zudem beende-
te der Abschluss der ISAF-Mission den im März
2011 begonnenen Transitionsprozess zur Übernahme der Sicherheitsverantwortung durch die ANDSF
(Afghan National Defense and Security Forces).[7]

Die Wahlen 2014 führten nach zähen Verhandlungen zu einer Regierung der nationalen Einheit unter
dem Präsidenten Aschraf Ghani Ahmadzai und dem
Regierungsvorsitzenden Abdullah Abdullah, die bis
heute allerdings noch nicht den gewünschten Effekt
erzielt hat, das Land nachhaltig zu stabilisieren.[8]

2.2 Afghanistan Peace and Reintegration Program

Von 2003 bis 2010 wurden in Afghanistan mehrere
DDR-Programme (Disarmament, Demobilization,
and Reintegration) durchgeführt.[9] Dazu zählte das

---

[6] Vgl. Ernst-Christoph Meier, Andreas Hannemann & Rainer
Meyer zum Felde (2012): Wörterbuch zur Sicherheitspolitik,
Mittler & Sohn, S. 15ff.
[7] Vgl. Nato.int: ISAF's mission in Afghanistan 2001-2014
http://www.nato.int/cps/en/natohq/topics_69366.htm
[Abruf: 01.06.2016]
[8] Vgl. Bundesregierung: Fortschrittsbericht Afghanistan 2014,
S. 5f.
http://www.auswaertiges-
amt.de/cae/servlet/contentblob/691670/publicationFile/1994
73/141119-Fortschrittsbericht_AFG_2014.pdf
[Abruf: 21.05.2016]
[9] Vgl. Uwe Hartmann (2014): War without fighting. Miles-
Verlag, S. 19; Anmerkung: Als Folge der Petersberg Beschlüsse

Afghan New Beginnings Program, welches von 2003 bis 2005 das Ziel verfolgte, die AMF [Afghan Military Forces (Nordallianz)] und illegal bewaffnete Gruppen zu demobilisieren, um den afghanischen Behörden die Ausübung der Staatsgewalt zu ermöglichen.[10] Da es nicht gelungen war, die illegal bewaffneten Warlords und ihre Milizen in Gänze zu demobilisieren, wurde 2005 mit dem sogenannten DIAG (Disbandment of Illegal Armed Groups) ein Programm geschaffen, das die Verbindungen von Warlords zu ihren Milizen schwächen sollte. Der mit einer Entwaffnung einhergehende Machtverlust war für die Warlords allerdings nicht hinnehmbar. Deshalb wurden durch diese meist nur veraltete Waffen abgegeben. Im Gegensatz zum DDR, welches Individuen für die Abgabe von Waffen belohnte, wurden mit diesem neuen Programm Entwicklungsprojekte als Gegenleistung eingeführt.[11] Die afghanische Regierung begrüßte die Einführung des DIAG-Programmes, da sie noch bis 2008 davon ausging, dass Warlords mit ihren Milizen eine größere Gefahr für sie darstellten als die Taliban.[12]

---

wurden 2003 DDR-Programme im Zuge des Afghan New Beginnings Program (ANBP) initialisiert.

[10] Vgl. ebd., S. 20
[11] Vgl. ebd., S. 20f.
[12] Vgl. Vishal Chandra: The Evolving Poltics of Taliban. Reintegration and Reconciliation in Afghanistan, in: Strategic Analysis, vol. 35, no. 5, September 2011, S. 840

Als 2008 die Offensive der wiedererstarkten und reorganisierten Taliban begann, wurde das DIAG-Programm dadurch unterminiert, dass die afghanische Regierung die Warlords nun doch zur Abwehr der Taliban benötigte.[13] Der afghanische Sicherheitsapparat wurde trotz der Unterstützung durch die ISAF nicht mit den Angriffen fertig.[14] Dies führte zu einem Umdenken innerhalb der internationalen Gemeinschaft und der afghanischen Regierung:

> „The coalition and the DIAG program were philosophically opposed to recognizing warlord militias. Hence, no attempt was made to convince extant warlords to mobilize their militias. Instead, other initiatives were tried, such as the Auxiliary Police (ANAP) program (2006 to 30 September 2008, which failed), the Afghan Public Protection Program (APPP), the Local Defense Initiative (2009) which was justified as traditional tribal defense forces called *Arbaki*, and finally the Afghan Local Police (ALP) initiative, which succeeded the APPP in 2010. Additionally, the Coalition began a rapid build-up of the ANA (Afghan National Army) beginning in late 2008. The problem was these programs required time, money, and resources."[15]

---

[13] Vgl. Uwe Hartmann (2014): War without fighting. Miles-Verlag, S. 21

[14] Vgl. ebd.

[15] Raymond Millen: Personal Notes on Afghanistan, S. 9; Vgl. auch: Raymond Millen, Aligning a Counterinsurgency Strategy for Afghanistan, in: SmallWarsJournal.com, S. 3f.
http://smallwarsjournal.com/blog/journal/docs-temp/166-millen.pdf?q=mag/docs-temp/166-millen.pdf
[Abruf: 07.06.2016]

Im Jahr 2010 wurde das Wiedereingliederungs- und Versöhnungsprogramm Afghanistans [Afghanistan Peace and Reintegration Program (APRP)] auf Initiative von Präsident Karzai während der National Consultative Peace Jirga beschlossen. Ziel des Programmes war es, durch einen Friedensprozess mit Gruppen feindlicher Kämpfer ein Ende lokaler Feindschaften zu erreichen und durch örtliche Initiativen einen gesamtstaatlichen Aussöhnungsprozess anzustoßen. Die ISAF unterstützte das Programm intensiv, da es unter anderem in ihre Counterinsurgency-Strategie (COIN)[16] passte.

---

[16] Anmerkung: Ein durch die Amerikaner angewendetes und sowohl im Irak als auch in Afghanistan umgesetztes Konzept zur Aufstandsbewältigung. Es zielt vorrangig darauf ab, militärisches und gesamtstaatliches Handeln so zu synchronisieren, dass das Vertrauen der Bevölkerung im Einsatzland gewonnen und dadurch den Aufständischen die Unterstützung entzogen wird. Ausführlich und differenziert zum Erfolg der Umsetzung des Konzeptes in Afghanistan: Robin Schroeder & Stefan Hansen (Hrsg.)(2015): Stabilisierungseinsätze als gesamtstaatliche Aufgabe. Erfahrungen und Lehren aus dem deutschen Afghanistaneinsatz zwischen Staatsaufbau und Aufstandsbewältigung (COIN). Nomos; Siehe auch: Dirk Freudenberg (2016): Counterinsurgency. Aufstandsbekämpfung als Phase zur Überwindung schwacher Staatlichkeit und zur Etablierung des Aufbaus einer stabilen Nachkriegsordnung. Miles-Verlag

Allerdings wurde betont, dass es sich um ein afghanisches Regierungsprogramm handele und ISAF nur eine unterstützende Rolle zukäme.[17]

Die Taliban versuchten, den APRP-Prozess im September 2011 durch einen Selbstmordanschlag auf den ehemaligen afghanischen Präsidenten und Vorsitzenden des Afghan High Peace Councils (HPC), Burhānuddin Rabbāni, sowie weitere führende Mitglieder dieses Rates, zu unterminieren. Dennoch bestätigten die Mitglieder der National Consultative Peace Jirga den Kurs der Regierung, wodurch das Programm sogar noch zusätzlich gestärkt werden konnte.[18]

Im Rahmen des APRP haben auf lokaler Ebene Dorfälteste in einem sogenannten Vetting-Prozess über die Integrationsfähigkeit von wiedereingliederungswürdigen Aufständischen zu entscheiden. Dabei werden sie durch ISAF oder Kontraktoren wie beispielsweise die RAND-Corporation (Research and Development) unterstützt.

Die Teilnehmer unterziehen sich dabei einem Überprüfungsverfahren, bei dem neben dem Abgleich

---

[17] Vgl. Force Reintegration Cell HQ ISAF (Hrsg.)(2012): A Guide to the Afghanistan Peace and Reintegration Program (APRP), S. 4
https://www.pksoi.org/document_repository/Handbook-Guide/ISAF_Reintegration_Guide_(March%202012)-CDR-539.pdf [Abruf: 22.05.2016]
[18] Vgl. ebd., S. 5

biometrischer Daten auch die eventuelle Beteiligung an Anschlägen auf Koalitionstruppen untersucht wird.[19]

Das Programm gilt als erfolgreicher Ansatz einer gesamtstaatlichen und vernetzten Strategie. Bis Anfang 2016 wurden nach Angaben der Vereinten Nationen fast 200 Millionen US-Dollar für das Programm zur Verfügung gestellt, wobei Deutschland mit ca. 40 Millionen US-Dollar der zweitgrößte Geldgeber nach Japan ist.[20] Bis zum Mai 2016 sind 11.077 ehemalige Kombattanten dem Programm beigetreten. Etwa 9.800 Waffen wurden zudem übergeben.[21] Diese Zahlen lassen sich jedoch nur

---

[19] Vgl. Mark Checchia (2012): Security Aspects of Peace & Reintegration
http://www.operationspaix.net/DATA/DOCUMENT/7073~v~Security_Aspects_of_Peace_and_Reintegration.pdf   [Abruf: 07.06.2016]
[20] Vgl. UNDP Afghanistan: Afghanistan Peace and Reintegration Programme (APRP)
http://www.af.undp.org/content/afghanistan/en/home/operations/projects/crisis_prevention_and_recovery/aprp.html [Abruf: 20.01.2016]; Anmerkung: Uwe Hartmann gibt an, dass alleine 2012 die verfügbaren Haushaltsmittel für das APRP Programm 173,5 Millionen US-Dollar betragen haben. Wie die unterschiedlichen Angaben zu Stande kommen, lässt sich an dieser Stelle nicht klären: Vgl. Uwe Hartmann (2014): War without fighting. Miles-Verlag, S. 18
[21] Vgl. Tim Craig & Mohammad Sharif: Afghanistan paid 11,000 militants to lay down their arms. Now the money has run out, in: Washington Post, 17.05.2016.
https://www.washingtonpost.com/world/asia_pacific/a-us-afghan-plan-to-buy-off-militants-may-be-

schwer bewerten, da die tatsächliche Stärke und Fähigkeiten der Aufständischen nicht bekannt sind.[22] Ende 2015 hatte Präsident Aschraf Ghani die Fortführung des Programmes festgelegt und gleichzeitig eine Überprüfung angeordnet, um zu evaluieren, ob die derzeitige APRP-Struktur noch effizient ist. In punkto Nachhaltigkeit muss sich tatsächlich erst zeigen, ob das APRP auch langfristig den beabsichtigten Effekt erzielt hat, afghanische Kämpfer in ein ziviles Umfeld zu überführen und sie auch dort zu halten.

2.3 Entwicklung des Friedensprozesses seit 2010

Auf Druck der internationalen Staatengemeinschaft hat der ehemalige afghanische Präsident Hamid Karzai ab Mitte 2010 einen nationalstaatlichen Friedens- und Aussöhnungsprozess angestoßen, auf den sich Delegierte aller afghanischen Gesellschaftsgruppen im Rahmen der bereits genannten National Consultative Peace Jirga verständigt haben. Ziel dieses Prozesses war es, den langjährigen bewaffneten Konflikt im Land zu beenden. Dies sollte durch konkrete Friedensgespräche mit den Taliban erreicht werden.

---

failing/2016/05/16/79ea22f8-1a65-11e6-aa55-670cabef46e0_story.html [Abruf: 22.05.2016]

[22] Vgl. United Nations Development Programme in Afghanistan
http://www.af.undp.org/content/afghanistan/en/home/operations/projects/crisis_prevention_and_recovery/aprp.html [Abruf: 27.05.2016]

Mit der Bestellung des HPC im September 2010 wurde der Friedens- und Aussöhnungsprozess offiziell eingeleitet.[23] In diesem Rahmen war es möglich, Verbindungen mit der Führung der Aufständischen herzustellen und einige Schlüsselfragen zur Beendigung der Gewalt anzugehen.[24] Der afghanischen Regierung ist es in Zusammenarbeit mit dem HPC bislang jedoch nicht gelungen, einen strukturierten Verhandlungsprozess zu etablieren und sich auf eine konkrete Agenda für künftige Gespräche zu einigen.[25] Demgegenüber konnten die Aufständischen immer wieder militärische und propagandistische Erfolge verbuchen. Bis heute wurden durch Verhandlungen zwischen den Konfliktparteien auf gesamtstaatlicher Ebene keine substanziellen Ergebnisse erzielt.[26]

---

[23] Vgl. Nils Wörmer (2013): Afghanistan am Scheitelpunkt der Transitionsphase – Defizite im Übergabeprozess und verbleibende Optionen westlicher Politik, in: SWP-Aktuell 14

[24] Vgl. UNDP Afghanistan: Afghanistan Peace and Reintegration Programme (APRP)
http://www.af.undp.org/content/afghanistan/en/home/opera tions/projects/crisis_prevention_and_recovery/aprp.html
[Abruf: 06.06.2016]

[25] Vgl. Nils Wörmer (2013): Afghanistan am Scheitelpunkt der Transitionsphase – Defizite im Übergabeprozess und verbleibende Optionen westlicher Politik, in: SWP-Aktuell 14; Anmerkung: Die Partikularinteressen der verschiedenen Ethnien, Parteien und Machthaber verhindern derzeit einen abgestimmten Verhandlungsprozess.

[26] Vgl. ebd.; Vgl. auch: Wolf Plesmann (2015): Deutsche Entwicklungszusammenarbeit in Afghanistan – Ein Beitrag zur

Es gibt zwar auf regionaler Ebene Erfolge – so sind z.B. in allen 34 Provinzen Integrationsprogramme implementiert[27] – das Hauptproblem des stockenden Friedensprozesses liegt jedoch in den fundamental unterschiedlichen Interessen und der daraus resultierenden Unvereinbarkeit der Ziele von afghanischer Regierung und Talibanführung.[28] Letztere hat Forderungen zum Abzug ausländischer Streitkräfte und zur Änderung der Verfassung gestellt, welche weder für die afghanische Regierung noch für die internationale Staatengemeinschaft akzeptabel sind.[29] An den

---

Stabilisierung?, in: Robin Schroeder & Stefan Hansen (Hrsg.): Stabilisierungseinsätze als gesamtstaatliche Aufgabe. Erfahrungen und Lehren aus dem deutschen Afghanistaneinsatz zwischen Staatsaufbau und Aufstandsbewältigung (COIN). Nomos, S. 274

[27] Vgl. UNDP Afghanistan: Afghanistan Peace and Reintegration Programme (APRP)
http://www.af.undp.org/content/afghanistan/en/home/operations/projects/crisis_prevention_and_recovery/aprp.html
[Abruf: 20.01.2016]

[28] Vgl. Nils Wörmer (2013): Afghanistan am Scheitelpunkt der Transitionsphase – Defizite im Übergabeprozess und verbleibende Optionen westlicher Politik, in: SWP-Aktuell 14

[29] Anmerkung: General Hans-Lothar Domröse merkte in einem Interview mit der Bild-Zeitung am 27.01.2016 an, dass die Taliban von der Forderung des Abzuges aller ausländischen Truppen abgerückt sind.
http://www.bild.de/politik/ausland/afghanistan/die-abrechnung-des-afghanistan-generals-44307466.bild.html
[Abruf: 28.01.2016]; Dies gilt auch für die Rebellengruppe um Gulbuddin Hekmatyar.

bisherigen Sondierungen war eine Vielzahl von Akteuren beteiligt, u.a. Deutschland, die USA, Katar, Pakistan, Saudi-Arabien und China.[30]

Nach der offiziellen Verkündung des Todes von Talibanführer Mullah Omar im Juli 2015 gelang es dem unter den islamistischen Aufständischen als moderat und diplomatisch geltenden Mullah Mansoor[31] die Führung der afghanisch-pakistanischen Talibanbewegung zu übernehmen. Unter seiner Führung kämpften die Taliban allerdings weiter erfolgreich gegen die afghanischen Sicherheitskräfte.[32] Am 21. Mai 2016 wurde Mansoor durch einen US-Drohnenangriff etwa 100 km südwestlich der pakistanischen Stadt Quetta, in der sich auch die Füh-

---

http://thediplomat.com/2016/04/gulbuddin-hekmatyar-drops-major-precondition-to-peace-talks-in-afghanistan/ [Abruf: 15.04.2016]

[30] Vgl. Sean Kane (2015): Talking with the Taliban. Should the Afghan Constitution Be a Point of Negotiation? in: USIP Special Report 365, Washingon D.C., S. 3ff.
http://www.usip.org/sites/default/files/SR356-Talking-with-the-Taliban-Should-the-Afghan-Constitution-Be-a-Point-of-Negotiation.pdf [Abruf: 02.06.2016]

[31] Vgl. Alexey Malashenko (2015): Where Will the New Taliban Leader Lead His People?
http://carnegieendowment.org/2015/08/11/where-will-new-taliban-leader-lead-his-people/iepc [Abruf: 07.06.2016]

[32] Vgl. David Millward (2016): Afghan spy agency confirms Taliban leader Mullah Akhtar Mansour killed in drone strike.
http://www.telegraph.co.uk/news/2016/05/21/taliban-leader-mullah-akhtar-mansour-most-likely-killed-in-drone/ [Abruf: 24.05.2016]

rungsshura der Taliban befindet, getötet. Die US-Regierung beschrieb Mansoor als Hindernis für den Friedens- und Aussöhnungsprozess.[33] Seine Position war unter rivalisierenden Taliban sehr umstritten.[34] Mansoor, der in der Vergangenheit immer wieder auf die Gleichzeitigkeit des militärischen Kampfes und des politischen Friedensdialoges hingewiesen hat, sah sich daher gezwungen, ausschließlich den bewaffneten Kampf (Jihad) als Voraussetzung für die Schaffung eines islamischen Systems in Afghanistan zu propagieren. Dadurch wollte er die starken, radikalen Gruppen der Taliban, z.B. das Netzwerk um Sirajuddin Haqqani, hinter sich vereinen und seine Macht konsolidieren.[35] Vor allem die Talibangruppen, die von nichtafghanischen Aufständischen[36] beeinflusst werden, setzen auf die Fortsetzung des

---

[33] Vgl. Jon Boone & Sune Engel Rasmussen: Death of Mullah Akhtar Mansoor likely to enrage Pakistan.
http://www.theguardian.com/world/2016/may/22/death-of-mullah-akhtar-mansoor-likely-to-enrage-pakistan
[Abruf: 24.05.2016]
[34] Vgl. Bill Roggio (2015): Mullah Omar's brother and son swear allegiance to new Taliban emir.
http://www.longwarjournal.org/archives/2015/09/mullah-omars-brother-and-son-swear-allegiance-to-new-taliban-emir.php [Abruf: 20.04.2016]
[35] Vgl. Borhan Osman (2015): Toward Fragmentation? Mapping the post-Omar Taleban
https://www.afghanistan-analysts.org/toward-fragmentation-mapping-the-post-omar-taleban/ [Abruf: 17.04.2016]
[36] Anmerkung: Dies sind u.a. tschetschenische, usbekische, tadschikische, uigurische und arabische Kämpfer (Foreign Fighters).

»heiligen Krieges« gegen die afghanische Zentralregierung und ausländische Streitkräfte im Land. Zu Mansoors Nachfolger wurde Mullah Haibatullah Achundsada, der aus Kandahar stammt, ernannt. Er gilt in der radikal-islamischen Bewegung als anerkannter Religionsgelehrter und als respektierter Richter nach dem Recht der Scharia. In Bezug auf das gewalttätige Vorgehen der Taliban spielte er bisher keine große Rolle.[37] Entscheidend für die künftige Führung der Taliban wird sein, ob es gelingt, die verschiedenen Splittergruppen zu einen, um eine Fragmentierung und damit den fortwährenden, internen Machtkampf zu verhindern. Dieser würde den Friedens- und Aussöhnungsprozess in jedem Falle weiterhin blockieren und einem Führer die diesbezügliche Handlungsfreiheit nehmen, wie sich am Beispiel Mansoors gezeigt hat.

Die pakistanische Regierung erhöhte ab Mitte 2015 den Druck auf die Taliban, die Friedensgespräche mit Afghanistan wiederaufzunehmen. Pakistans geografische Lage zwischen seinem Kontrahenten Indien und Afghanistan führte dazu, dass Pakistan die Taliban unterstützte, um seinen Einfluss in Afghanistan zu vergrößern. Dadurch sollten die traditionell guten Beziehungen zwischen Indien und Afghanis-

---

[37] Vgl. Sandra Petersmann: Nach Tod von Anführer Mansur - Taliban bestimmen neuen Chef.
http://www.tagesschau.de/ausland/taliban-113.html [Abruf: 25.05.2016]

tan unterminiert werden, um einen befürchteten geostrategischen Einschluss Pakistans zwischen den beiden Nachbarstaaten zu verhindern.

Abb.:   Afghanistan und seine Nachbarn – Pakistans Lage
zwischen Afghanistan und Indien[38]

Pakistans innerstaatlicher Konflikt mit den Taliban führt allerdings zu einer beiderseitig divergierenden

---

[38] Abbildung gemeinfrei.
https://www.cia.gov/library/publications/the-world-factbook/geos/af.html [Abruf: 11.04.2016]

Beziehung. Einerseits sehen sich die beiden Parteien als Unterstützer, andererseits als Gegner.

Dieser pakistanische Einfluss auf die Taliban führte im Juli 2015 zu erneuten Gesprächen im pakistanischen Murree, die jedoch ergebnislos abgebrochen wurden. Die Taliban hatten zuvor auf Diskretion und diplomatischer Parität der teilnehmenden Vertreter bei diesem Treffen bestanden, sahen sich jedoch vorgeführt, als auf afghanischer und pakistanischer Seite neben Diplomaten zusätzlich hochrangige Vertreter des Militärs und der Sicherheitsdienste teilnahmen. Das Scheitern dieser neuerlichen Friedensinitiative zeigte auch die Brüche innerhalb der Führungsriege der Taliban.[39] Deren Büro in Katar hatte zuvor von einem Neustart des Friedensprozesses abgeraten und empfohlen, dem Drängen Pakistans nach neuen Gesprächen nicht nachzugeben.[40]

Mullah Mansoor hatte nach dem Scheitern des Murree-Prozesses vier zentrale Forderungen für jede künftige Friedensinitiative aufgestellt, um den Taliban die diplomatische Flexibilität zu nehmen, sich erneut von außen in Friedensgespräche drängen zu

---

[39] Vgl. ebd.

[40] Vgl. Borhan Osman (2015): The Murree Process. Divisive peace talks further complicated by Mullah Omar's death https://www.afghanistan-analysts.org/the-murree-process-divisive-peace-talks-further-complicated-by-mullah-omars-death/ [Abruf: 12.03.2016]

lassen.[41] Diese Bedingungen umfassten die Notwendigkeit konkreter, messbarer Friedensangebote, das Ausschließen des militärpolitischen Status' einer Niederlage, das Gebot der Gleichrangigkeit der beteiligten Parteien sowie die Ernsthaftigkeit und Verlässlichkeit zukünftiger Friedensinitiativen.[42] Zudem erhielt das Büro der Taliban in Katar als Reaktion auf die Gespräche in Murree ab Juli 2015 die alleinige Entscheidungsbefugnis darüber, ob die Taliban an künftigen Friedensgesprächen teilnehmen und welche Inhalte in diesen verhandelt werden.[43]

Anfang 2016 unternahm die afghanische Regierung einen erneuten Versuch, Friedensgespräche unter Beteiligung von Pakistan, den USA und China aufzunehmen.[44] Dazu wurden auch die Positionen der

---

[41] Vgl. Shahamat-english.com: How to achieve sustainable peace in the country?
http://shahamat-english.com/how-to-achieve-sustainable-peace-in-the-country/ [Abruf: 18.05.2016]
[42] Vgl. ebd.
[43] Vgl. Shahamat-english.com: Summary of the Statement by Representatives of the Islamic Emirate of Afghanistan given in Pagwash Conference (23-25 Jan, 2016).
http://shahamat-english.com/summary-of-the-statement-by-representatives-of-the-islamic-emirate-of-afghanistan-given-in-pagwash-conference-23-25-jan-2016-in-doha-the-capital-city-of-qatar/ [Abruf: 20.03.2016]
[44] Anmerkung: Die Quadrilateral Coordination Group versucht die Friedensverhandlungen zwischen Taliban und der afghanischen Regierung zu fördern; vgl. Ankit Panda: Road to Quadrilateral-Backed Peace Talks Uncertain as Taliban Refuse to Participate.

Vorsitzenden des HPC neu besetzt. Syed Ahmed Gilani und sein Stellvertreter, Karim Khalili, sollen nun die afghanische Seite des Friedensprozesses vertreten und voranbringen. Bisher ist es jedoch nicht gelungen, die Taliban für diese Gespräche zu gewinnen.[45]

Trotz aller beschriebenen Bemühungen ist die Sicherheitslage in Afghanistan noch immer nicht zufriedenstellend.[46] Daher muss auch die Frage gestellt werden, ob nicht eine für alle Verhandlungsseiten vertrauenswürdige Nation als neuer Mediator der Friedensgespräche besser geeignet wäre. Die am ISAF- und RS-Einsatz beteiligten Staaten erscheinen zumindest aus Sicht der Taliban nicht als ehrliche und uneigennützige Makler. Pakistan, Indien, China und der Iran kennen zwar aufgrund ihrer geographischen Lage die komplexe Situation, in der sich Afghanistan befindet, sie haben jedoch durch ihr wirt-

---

http://thediplomat.com/2016/03/road-to-quadrilateral-backed-peace-talks-uncertain-as-taliban-refuse-to-participate/ [Abruf: 24.05.2016]

[45] Anmerkung: Nach Zeitungsberichten konnten allerdings Gespräche zwischen der Rebellengruppe um Gulbuddin Hekmatyar und seiner Hezb-i-Islami Partei und dem High Peace Council beginnen. Vgl. Ali Asghari (2016): Hekmatyar to officially begins talks with Afghan gov´t. http://ariananews.af/latest-news/hekmatyar-to-officially-begins-talks-with-afghan-govt-hpc/ [Abruf: 15.04.2016]

[46] Vgl. Kenneth Katzman (2015): Afghanistan. Post-Taliban Governance, Security, and U.S. Policy, in: Congressional Research Service 7-5700, Washington D.C.

schaftliches und außenpolitisches Handeln der letzten 15 Jahre gezeigt, dass ihre Absichten für einen innerafghanischen Friedensprozess ambivalent und vielschichtig sind.[47]

Dass der Einsatz eines externen, am Konflikt unbeteiligten Vermittlers helfen kann, einen jahrzehntelangen, festgefahrenen Konflikt zu schlichten bzw. einen Friedensprozess wieder aufzunehmen, zeigte sich nicht zuletzt ab 2012 am Beispiel der Vermittlerrolle Norwegens in Kolumbien. Die Skandinavier haben eine Verhandlungsplattform außerhalb des kolumbianischen Hoheitsgebiets geboten und dadurch sowohl der Fuerzas Armadas Revolucionarias de Colombia (FARC) als auch der kolumbianischen Regierung eine weitestgehend neutrale Gesprächs- und Verhandlungsatmosphäre ermöglicht. Dies wäre auch für den Afghanistankonflikt erfolgversprechend, wobei die Suche nach einem geeigneten Mediator sicher schwierig sein dürfte.

---

[47] Anmerkung: Dabei wird insbesondere die Rolle Chinas äußerst kontrovers interpretiert. Für die Einen ist es eine vielversprechende Initiative, für Andere ein Beleg für Chinas Versuche, das Problem des grenzüberschreitenden islamistischen Terrorismus (»Uiguren-Herausforderung«) vom eigenen Land fern zu halten. Vgl. Ahmed Rashid (2015): Ein Unerwarteter Glücksfall. Das neue Engagement Chinas könnte konstruktiver sein als die Intervention des Westens, in: Le Monde Diplomatique: Die große Unruhe – Afghanistan und seine Nachbarn, (17), S. 14f.

2.4 Deutschlands Beitrag zum Friedens- und Aussöhnungsprozess

Deutschland leistet durch eine sehr große Bandbreite an Entwicklungsaktivitäten einen signifikanten Beitrag zum Wiederaufbau der afghanischen Gesellschaft. Dabei konzentriert man sich seit der politischen Entscheidung Deutschlands zur Übernahme der Sicherheitsverantwortung im Norden des Landes ab Ende 2003 besonders auf diese Region.[48] Neben den Anstrengungen zur Etablierung staatlicher Sicherheitsstrukturen folgen diese Initiativen dem sogenannten Vernetzten Ansatz der Bundesregierung.[49] Staatliche Maßnahmen sollen sich hierbei mit dem Wirken von NGOs (Non Governmental Organizations), IOs (International Organizations) und privaten Initiativen ergänzen. Auch wenn es nicht immer gelungen ist, diese Verflechtung und Koordinierung von nationalstaatlichen und zivilgesellschaftlichen Maßnahmen reibungsfrei auf gemeinsame Entwicklungsziele auszurichten, sind die dadurch erzielten, positiven Ergebnisse jedoch nicht zu übersehen.

---

[48] Vgl. Wolf Plesmann (2015): Deutsche Entwicklungszusammenarbeit in Afghanistan – Ein Beitrag zur Stabilisierung?, in: R. Schroeder & S. Hansen (Hrsg.): Stabilisierungseinsätze als gesamtstaatliche Aufgabe. Erfahrungen und Lehren aus dem deutschen Afghanistaneinsatz zwischen Staatsaufbau und Aufstandsbewältigung (COIN). Nomos, S. 274

[49] Beim Vernetzten Ansatz handelt es sich um ein durch die deutsche Bundesregierung seit 2006 verfolgtes Konzept zur Koordination und Synchronisation der Fähigkeiten aller Ressorts bei der Stabilisierung fragiler Staaten.

Es sind in diesem Zusammenhang u.a. integrierte Experten und Entwicklungshelfer tätig, die sowohl kleine, regionale Projekte, als auch große Programme technischer Zusammenarbeit begleiten. Deutschland unterstützt den Aufbau von Rechtsberatungsstellen und bei der Öffentlichkeitsarbeit (Zeitungsbeilagen, Poster, Broschüren, Radiosendungen, TV-Sendungen etc.), engagiert sich beim Aufbau von Infrastruktur, fokussiert die Stärkung des Dienstleistungssektors (Elektrizitäts- und Wasserversorgung, Gesundheitsversorgung, Straßen, Bildung etc.) und organisiert Integrationsseminare für Binnenflüchtlinge. Insbesondere die umfangreiche finanzielle Unterstützung der Bundesregierung bei der Schaffung eines formalen Berufsbildungssystems eröffnet vielen jungen Afghanen nach Abschluss der Schulausbildung eine Perspektive. Allerdings führen die schwache afghanische Binnenwirtschaft und die hohe Arbeitslosenquote trotzdem zur Abwanderung vieler, gut ausgebildeter, junger Afghanen ins Ausland. Darüber hinaus wird durch Deutschland die Einbindung von Frauen (Koedukation) in politische Strukturen gefördert und vor allem die Ausbildung der afghanischen Polizei (Alphabetisierung, Rechtsausbildung etc.) forciert.

An diesen Maßnahmen sind verschiedene staatliche und nichtstaatliche Akteure der Entwicklungshilfe beteiligt. Beispielsweise leisten die GIZ (Gesellschaft für internationale Zusammenarbeit GmbH), der

ZFD (Ziviler Friedensdienst), das CIM (Centrum für Internationale Migration als Kooperation von GIZ und Bundesagentur für Arbeit), die Max Planck-Stiftung oder Kinderberg International e.V. einen Beitrag zur Etablierung stabiler Strukturen in den Bereichen Wirtschaft, Bildung, Energiesicherheit, Gesundheit und guter Regierungsführung.[50] Exemplarisch beschäftigt sich der seit 2004 in Afghanistan im Auftrag des Bundesministeriums für wirtschaftliche Zusammenarbeit und Entwicklung tätige ZFD mit zivilgesellschaftlichen und staatlichen Organisationen in Afghanistan. Es werden insbesondere Methoden und Konzepte der zivilen Konfliktbearbeitung gefördert. Dabei stehen die Qualifikation von Fachkräften zur Aufarbeitung von Gewalterfahrungen sowie zur Vermittlung von Frauen- und Menschenrechten und die Ausbildung von Journalisten im Vordergrund.

All diese Maßnahmen orientieren sich an den Vorgaben eines gemeinsamen Planes[51], der bis 2013 in der Afghan National Development Strategy (ANDS) festgelegt war und seit 2012 durch das National Priority Programm ergänzt wurde.

---

[50] Vgl. u.a. Wolf Plesmann (2015): Deutsche Entwicklungszusammenarbeit in Afghanistan – Ein Beitrag zur Stabilisierung?, in: R. Schroeder & S. Hansen (Hrsg.): Stabilisierungseinsätze als gesamtstaatliche Aufgabe. Erfahrungen und Lehren aus dem deutschen Afghanistaneinsatz zwischen Staatsaufbau und Aufstandsbewältigung (COIN). Nomos, S. 274ff.
[51] Vgl. ebd., S. 279

Durch diese Entwicklungsmaßnahmen konnte sich in den zurück liegenden anderthalb Jahrzehnten eine Bildungs- und Intelligenzelite junger, ambitionierter Frauen und Männer bilden, die, gemessen am Entwicklungsniveau des Landes vor 2001, hochwertig ausgebildet ist und sich zum Wohle ihres Landes einbringen will. Das ist dahingehend bemerkenswert, dass es inzwischen in der afghanischen Gesellschaft trotz des anhaltenden Krieges vermehrt Stimmen gibt, die grundsätzlich von der Möglichkeit eines Friedens im Land sprechen. So trivial diese Vorstellung aus westeuropäischer Sicht klingt, so entscheidend wäre dieser Erkenntnisgewinn für ein Land, das sich seit über 35 Jahren im Krieg befindet. Dies könnte ein Schritt in die Richtung eines partei- und ethnienübergreifenden Verständnisses sein. Der Vertrauenserhalt bei afghanischen Partnern und der Bevölkerung wurde vor allem seit dem Ende der ISAF-Mission schwierig, da die Langfristigkeit und Nachhaltigkeit vieler Maßnahmen fraglich erschien.[52] Die derzeitige Fluchtbewegung mehrerer zehntausender Afghanen nach Westeuropa vor der Gewalt am Hindukusch und ein zunehmender Popularitätsgewinn der Taliban vorrangig unter jungen Afghanen zeigen allerdings, dass Viele dem Weg zum Frieden noch nicht trauen.

---

[52] Vgl. ebd., S. 283

3. Bewertung unter dem Aspekt der Wirksamkeit

Das Engagement der internationalen Staatengemeinschaft für Afghanistan ohne hinreichende Berücksichtigung der Taliban bei der Petersberg-Konferenz zu beginnen, ist aus heutiger Sicht als Fehler zu bewerten. Dadurch war es nicht möglich, die Reintegration der Taliban als Teil der Bevölkerung zu gewährleisten. Insbesondere Deutschland hätte als Ausrichter der Konferenz Einfluss auf diese Entscheidung nehmen müssen.[53] Es wird kein Afghanistan ohne Taliban geben können.

Die bis 2008 durchgeführten DDR-Programme haben es nicht geschafft, die Staatsgewalt bei den afghanischen Sicherheitsbehörden zu vereinen. Die Offensive der Taliban 2008 führte folglich zu einem Paradigmenwechsel: Die afghanische Regierung und die internationale Gemeinschaft änderten ihre Perzeption, dass die größte Gefahr für Afghanistan von Warlords und deren bewaffneten Milizen ausging. Nunmehr galten die Taliban als Hauptfeind für die Stabilität des Landes. Die daraufhin getroffene Ent-

---

[53] Anmerkung: So auch Generalleutnant a.D. Rainer Glatz am 13. Januar 2016 bei einer Podiumsdiskussion der Friedrich Naumann Stiftung »Für die Freiheit« in Hamburg zum Thema »Ein Jahr nach Ende des ISAF-Einsatzes – Wie geht es Afghanistan heute?«.

scheidung der afghanischen Regierung, Milizen auszubilden und zu bewaffnen, führt zu schwer einzuschätzenden Folgen für die Zukunft Afghanistans. Zwar versucht sie bis heute, durch das Eingliedern der Milizen in eine organisierte Hilfspolizei (ALP), die Auswirkungen dieser Politik einzudämmen.[54] Es ist allerdings fraglich, ob durch die Abgabe staatlicher Gewalt an Warlords nicht auch ein neuer Bürgerkrieg entstehen kann. Gleichwohl wird damit auf die „landestypischen Gegebenheiten Rücksicht"[55] genommen und die Taliban könnten dort getroffen werden, wo sie am verwundbarsten sind.

Dass sich die internationale Gemeinschaft mit Ende der ISAF-Mission und dem Übergang zu RS sehr schnell aus der Fläche zurückgezogen hat, muss aus heutiger Sicht ebenfalls als Fehler betrachtet werden. „Nur wer sich voll auf die Stämme und Einwohner einlässt und konzentriert, wird einen gewissen Grad an Sicherheit und Regierungsstrukturen schaffen. Es ist genau das, was die Taliban und ihre Verbündeten seit Jahren tun."[56] Dabei galt es natürlich zu berücksichtigen, dass die Entscheidung zur Beendigung des ISAF-Einsatzes in erster Linie der fehlenden innen-

---

[54] Anmerkung: ALP ist ein US-dominiertes Programm, das vor allem in der afghanischen Bevölkerung bis heute höchst umstritten ist.
[55] John Arquilla (2014): Letzte Hoffnung Pseudobanden, in: Loyal: Magazin für Sicherheitspolitik, (3), S. 32
[56] Ebd.

politischen Unterstützung in den truppenstellenden Nationen geschuldet war.

Trotz umfangreicher entwicklungspolitischer und militärischer Maßnahmen hat es die internationale Staatengemeinschaft nicht geschafft, in den entscheidenden Jahren bis 2008 genug Willen aufzubringen, um Kräfte und Mittel zur Verfügung zu stellen, mit denen die Taliban effektiv bekämpft werden konnten. Die Alternative, die Taliban durch eine differenzierte Amnestie in die Gesellschaft zu reintegrieren, war zum damaligen Zeitpunkt politisch nicht durchsetzbar. Auch in Deutschland war der dazu notwendige politische und gesellschaftliche Konsens nicht herzustellen.[57] Eine international abgestimmte Gesamtstrategie mit klar formulierten Zielen unter Berücksichtigung militärischer und entwicklungspolitischer Maßnahmen fehlte als Grundlage für eine politische Lösung in Afghanistan ebenso wie ein entsprechender Umsetzungsplan. Die Fokussierung auf die Ertüchtigung der afghanischen Sicherheitsarchitektur griff in der Bewältigung des Konfliktes zu kurz.

Die Entwicklungszusammenarbeit hat seit 2010 zwar konkrete Wirkung in der Beendigung von Feindseligkeiten entfaltet, was sich z.B. nach der Integration

---

[57] Anmerkung: Dies belegt z.B. die 2007 geführte Diskussion um den Vorschlag des damaligen rheinland-pfälzischen Ministerpräsidenten Kurt Beck, mit moderaten Taliban Friedensgespräche zu führen.

von Experten in den hohen Friedensrat in Afghanistan gezeigt hat.[58] Der zu spät angestoßene Aussöhnungsprozess verlangt allerdings Sicherheit und berufliche Alternativen als Voraussetzung für eine Reintegration ehemaliger Kämpfer.[59] Das APRP hat immerhin über 11.000 ehemaligen Kämpfern eine Perspektive auf Wiedereingliederung in die Gesellschaft gegeben[60] und ist der erste gesamtstaatliche Ansatz, der auf die dynamischen Veränderungen im politischen und militärischen Umfeld eingeht. Positiv herauszustellen ist hierbei, dass lokale Strukturen Afghanistans berücksichtigt werden. Wie bereits ausgeführt, hat bisher allerdings auch dieses Programm nicht zu einem dauerhaften und stabilen Frieden geführt.

Durch den Übergang zu RS und dem daraus resultierenden, gravierenden Einschnitt in die Sicherheits-

---

[58] Dazu auch Wolf Plesmann (2015): Deutsche Entwicklungszusammenarbeit in Afghanistan – Ein Beitrag zur Stabilisierung?, in: Robin Schroeder & Stefan Hansen (Hrsg.): Stabilisierungseinsätze als gesamtstaatliche Aufgabe. Erfahrungen und Lehren aus dem deutschen Afghanistaneinsatz zwischen Staatsaufbau und Aufstandsbewältigung (COIN). Nomos, S. 282

[59] Siehe auch Uwe Hartmann (2014): War without fighting?, Miles-Verlag, S. 22

[60] Vgl. UNDP Afghanistan: Afghanistan Peace and Reintegration Programme (APRP).
http://www.af.undp.org/content/afghanistan/en/home/operations/projects/crisis_prevention_and_recovery/aprp.html
[Abruf: 20.05.2016]

strukturen Afghanistans agieren die Taliban derzeit aus einer Position der Stärke und sehen sich nicht gezwungen, den aktuellen Friedensprozess weiter voranzutreiben, obgleich man Verhandlungen nicht kategorisch ausschließt. Diese ambivalente Haltung ist darauf zurückzuführen, dass die Aufständischen sukzessive die militärische Kontrolle über eine Vielzahl an Distrikten im Norden, Osten und Süden des Landes erlangt haben.

Die Taliban agieren im Friedensprozess als »Widerständler«: Sie unterlaufen, blockieren oder sabotieren die Verhandlungen. Sie tendieren stattdessen dazu, die Austragung des gewaltsamen Konfliktes fortzusetzen und haben tendenziell eher ein Interesse am Erhalt des Status Quo.[61]

Um die Verweigerung des Friedensprozesses durch die Taliban fassbar zu machen, gibt es drei grundlegende Erklärungsansätze:[62]

(1) Die Taliban sehen ihre politischen Forderungen nicht erfüllt. Ein Friedensabkommen könnte aus ihrer Sicht dazu führen, dass sie von der Teilhabe an der Macht und vom Zugang zu ökonomischen Ressourcen ausgeschlossen werden. Unter diesem Aspekt werden sie ihre politischen Ziele weiter verfol-

---

[61] Vgl. Ulrich Schneckener (2003): Warum manche den Frieden nicht wollen – Eine Soziologie der »Störenfriede«, Diskussionspapier der FG 8, 2003/01, SWP Berlin
[62] Vgl. ebd.

gen und den Friedensprozess nach Möglichkeit – im Extremfall auch unter Einsatz weiterer Gewalt – unterlaufen.

(2) Die Taliban könnten nicht an einem Friedensprozess interessiert sein, weil sie vom Konflikt sowohl ökonomisch, als auch politisch profitieren. Der Krieg nährt bis heute das Einkommen und den Profit vieler Aufständischer, beispielsweise durch Raub, Plünderung, Erpressung und Schmuggel. Sie müssten im Falle eines Friedensabkommens einen erheblichen Verlust ihrer finanziellen Basis, in Verbindung mit einem deutlichen Kontrollverlust in bestimmten Regionen oder Wirtschaftssektoren, befürchten.

(3) Die Taliban könnten im Laufe der Jahrzehnte einem »Automatismus der Gewalt« erlegen sein. Das, was zunächst als Mittel der Erreichung von politischen Zielen gedacht war, hat sich inzwischen möglicherweise zum Selbstzweck entwickelt. Die Aufrechterhaltung dieses »Automatismus'« wird unter anderem durch starke quasi-religiöse, ideologische Vorstellungen, charismatische Führungsfiguren und klare Feindbilder gesichert. Dieses Verhalten geht mit einem Realitätsverlust einher und die tatsächlichen Kosten des Konfliktes, auch für die eigenen Anhänger, werden nicht mehr reflektiert. Terror und Grausamkeiten gelten im Extremfall als »Säuberung« oder »Erlösung«. So denkende Akteure sind tendenziell »friedensunfähig« und für politische Lösungen nicht mehr erreichbar.

Das Festhalten der Taliban am Status Quo verhindert nicht nur die Fortsetzung von Friedensgesprächen, sondern unterminiert auch die langfristige Entwicklung tragender staatlicher, gesellschaftlicher und wirtschaftlicher Strukturen. So macht sich in der Bevölkerung ein Gefühl des Stillstandes breit, welches hauptsächlich von der Entwicklung der Sicherheitslage beeinflusst wird. Die Gestaltung der Politik auf nationaler und regionaler Ebene spielt dadurch für die afghanische Bevölkerung eine untergeordnete Rolle.

In Afghanistan hat sich gezeigt, dass die Unterstützung von guter Regierungsführung priorisiert werden muss, um den Friedensprozesses und den Staatsaufbau voranzubringen. Staatliche Strukturen sind die zwingende Voraussetzung für das Verhindern von Schattenstrukturen, wie z.B. im Bereich der Justiz, des Kapitalmarktes und der Sicherheit.[63] Ohne verlässlichen staatlichen Rahmen kann es keine ziel-

---

[63] So auch Wolf Plesmann (2015): Deutsche Entwicklungszusammenarbeit in Afghanistan – Ein Beitrag zur Stabilisierung?, in: R. Schroeder & S. Hansen (Hrsg.): Stabilisierungseinsätze als gesamtstaatliche Aufgabe. Erfahrungen und Lehren aus dem deutschen Afghanistaneinsatz zwischen Staatsaufbau und Aufstandsbewältigung (COIN). Nomos, S. 274; Anmerkung: Die Peace and State Building Goals, auf die sich 2011 die G7+ geeinigt haben, umfassen neben legitimer Politik auch noch Schaffung und Stärkung menschlicher Sicherheit, Gerechtigkeit (Zugang der Bevölkerung zur Rechtsprechung), ökonomische Grundlagen und Management des Staatseinkommens sowie Aufbau staatlicher Dienstleistungen.

gerichtete gesellschaftliche Entwicklung geben. Um den Aufbau dieser staatlichen Strukturen voranzutreiben, hat der deutsche Entwicklungsminister Gerhard Müller angekündigt, zukünftig gerade dort, wo auf die Politik kein Verlass ist, vermehrt auf Religionsgemeinschaften als Partner zu setzen.[64] Dieser Ansatz erscheint insgesamt zweckmäßig. Die strategische Nutzung von bereits existierenden religiösen Netzwerken muss allerdings ständig hinsichtlich der Einhaltung von Menschenrechten, der Entwicklungsorientierung und dem Verzicht auf Diskriminierung Andersgläubiger überprüft werden. Darüber hinaus gilt es zu beachten, dass der Machtzuwachs der Religionsgemeinschaften den Aufbau säkularer staatlicher Strukturen nicht mittel- und langfristig verdrängt.

Der Versuch, Friedensgespräche allein zwischen der Kabuler Zentralregierung und der Talibanführung unter Beteiligung von Teilen der internationalen Staatengemeinschaft zu führen, greift zu kurz. Die unklare, aber dennoch bedeutende Position der Regionalmacht Pakistan, die einerseits den Einfluss auf die Taliban nicht verlieren möchte, sie andererseits aber auch bekämpft, führt zu einer zwiespältigen

---

[64] Vgl. Deutschlandfunk: Tag für Tag am 25.02.2016: Entwicklungshilfeminister will mehr Kooperation mit Religionsgemeinschaften.
http://ondemand-mp3.dradio.de/file/dradio/2016/02/25/dlf_20160225_0943_a0bb497f.mp3 [Abruf: 16.03.2016]

Rolle in diesem Prozess. Der Dialog und die Zusammenarbeit zwischen Afghanistan und Pakistan sind durch die enge gesellschaftliche Verknüpfung in den paschtunischen Grenzgebieten von entscheidender Bedeutung. Der Friedensprozess sollte deshalb auf eine breitere innerstaatliche Basis unter stärkerer Beteiligung aller afghanischen Bevölkerungsgruppen sowie regionaler und politisch relevanter Akteure wie Pakistan, China, Iran, Saudi-Arabien, Katar etc. gestellt werden. Dies wäre eine wichtige Voraussetzung, um zu verhindern, dass das Land im Falle eines erneuten Scheiterns der Friedensgespräche abermals in einem Bürgerkrieg versinkt. Auch der innerafghanische Machtkampf zwischen Abdullah Abdullah und Aschraf Ghani Ahmadzai, bei dem persönliche und ethnische vor gesamtstaatliche Interessen gestellt werden, schadet der Entwicklung Afghanistans nachhaltig.

Die Abstimmung und Koordination der internationalen Gemeinschaft hat angesichts der großen Anzahl paralleler entwicklungspolitischer Maßnahmen nicht in Gänze funktioniert. In diesem Zusammenhang wird die koordinierende Struktur der zivil-militärisch geführten PRTs hinsichtlich ihres Erfolges, ihrer nationalen Führungsstrukturen und der daraus resultierenden nationalen Politikprojektion differenziert betrachtet.[65] Es hat sich mitunter ge-

---

[65] Siehe auch Udo Ewertz (2015): Nicht die Idee, die Umsetzung... Zivile Einsatzerfahrungen im PRT Kunduz, in: Robin

zeigt, dass die nationalen Interessen engagierter Staaten und deren Institutionen vor afghanischen Notwendigkeiten gestanden haben und sich Akteure häufig eher ihren eigenen Zielen und denen ihrer Geldgeber, als der Gesamtstrategie verpflichtet fühlten.[66] Die hohe Sichtbarkeit von finanzintensiven Entwicklungsprojekten stand dabei zu häufig im Vordergrund. Auch der haushalterische Zwang, diesbezügliche Abflüsse von Finanzmitteln herbeiführen zu müssen, war nicht immer im Interesse der zu entwickelnden Gesellschaft, weil eine tatsächliche, nachhaltige Wirkung damit nicht erzielt werden konnte.[67]

Es gilt ebenso zu berücksichtigen, dass die Ergebnisse von Entwicklungszusammenarbeit nur langfristig eintreten und sich auch nicht beschleunigen lassen.[68]

Schroeder & Stefan Hansen (Hrsg.): Stabilisierungseinsätze als gesamtstaatliche Aufgabe. Erfahrungen und Lehren aus dem deutschen Afghanistaneinsatz zwischen Staatsaufbau und Aufstandsbewältigung (COIN). Nomos, S. 259ff.; Anmerkung: Die deutschen PRTs wurden in Afghanistan oftmals vorrangig als Mittel der militärischen Operationsführung genutzt. Dies konterkarierte den eigentlichen Ansatz zur Förderung der zivilen Entwicklung und des Wiederaufbaus in den jeweiligen Provinzen.

[66] Anmerkung: Dies gilt nicht nur für staatliche Akteure, sondern insbesondere auch für NGOs.

[67] Vgl. Philipp Münch (2011): Strategielos in Afghanistan – Die Operationsführung der Bundeswehr im Rahmen der International Security Assistance Force, 2011/30, SWP Berlin, S. 28

[68] Vgl. Wolf Plesmann (2015): Deutsche Entwicklungszusammenarbeit in Afghanistan – Ein Beitrag zur Stabilisierung?, in:

Die gleichzeitige Rücknahme der Koalitionstruppen und die Reduzierung der nicht-staatlichen zivilen Hilfe erzeugten in Afghanistan ab Ende 2014 eine schwere Wirtschaftskrise, die der langfristigen Stabilisierung des Landes zusätzlich entgegenwirkt.

Robin Schroeder & Stefan Hansen (Hrsg.): Stabilisierungseinsätze als gesamtstaatliche Aufgabe. Erfahrungen und Lehren aus dem deutschen Afghanistaneinsatz zwischen Staatsaufbau und Aufstandsbewältigung (COIN). Nomos, S. 284

4. Folgerungen für die künftige deutsche Beteiligung an internationalen Operationen zur Krisenbewältigung in fragilen Staaten

Aus der Betrachtung und Bewertung des Afghanistan-Engagements der internationalen Gemeinschaft und den Ansätzen zur innerstaatlichen Aussöhnung ergeben sich Lehren und Folgerungen für die künftige deutsche Beteiligung an internationalen Operationen zur Krisenbewältigung in fragilen Staaten.

Zunächst gilt es herauszustellen, dass für ein deutsches Engagement in Konfliktregionen eine krisenbezogene Gesamtstrategie zur Stabilisierung fragiler Staaten essentiell ist. Diese muss international abgestimmt sein. Eine grundlegende politische Einigung über die Ziele eines Einsatzes muss insbesondere mit den Partnern erfolgen, an die sich Deutschland anlehnt oder die es in einer internationalen Koalition führt; regelmäßig also mindestens mit den Vereinigten Staaten von Amerika und den Staaten der Europäischen Union. Dabei ist es auch notwendig, sich die Risiken zu vergegenwärtigen, die mit einem solchen Engagement einhergehen können. Ziele können dahingehend durchaus überschaubar und kleinteilig formuliert sein, bedürfen jedoch der permanenten Anpassung an die Entwicklung in fragilen Staaten. Risiken sollten vorab bewusst umfassend und in hohen Wahrscheinlichkeitsgraden definiert werden. Aufträge, benötigte Mittel und Fähigkeiten der Ressorts sollten daraus folgernd frühzeitig lageangepasst zur Wirkung gebracht werden. Einsätze ohne klar definierte Ziele und Maßnahmen lassen sich zudem in ihrer Wirkung nicht seriös bewerten.[69] Dabei ist eine ständige Evaluation von Zielen und tatsächlich Erreichtem notwendig (Reality-Check), um einerseits Fortschritte messen zu können; und andererseits definierte Abbruchkriterien, bzw. beabsichtigte Zielzustände (Desired Endstate) für das Ende eines Einsatzes zu überprüfen. Militärisches Handeln kann vor diesem Hintergrund nur ein Beitrag zur politischen Gesamtstrategie sein, diese aber keinesfalls ersetzen.[70]

Letztlich ist unbedingter politisch konsolidierter Wille zur Durchsetzung der Gesamtstrategie wesentliche Voraussetzung für ihren Erfolg. Das Auswärtige Amt (AA) hat sich auch angesichts der Afghanistan-Erfahrungen im Zuge einer internen Revision im Jahr 2015 neu aufgestellt und mit der »Abteilung S«

---

[69] Vgl. Marcel Bohnert (2014): Zur Notwendigkeit lagebezogener Einsatzregeln für Soldatinnen und Soldaten in Auslandsmissionen, in: Fabian Forster, Sascha Vugrin & Leonard Wessendorff (Hrsg.): Das Zeitalter der Einsatzarmee. Herausforderungen für Recht und Ethik. Berliner Wissenschafts-Verlag, S. 136ff.
[70] Vgl. Philipp Münch (2011): Strategielos in Afghanistan – Die Operationsführung der Bundeswehr im Rahmen der International Security Assistance Force, 2011/30, SWP Berlin, S. 15

ein Instrument geschaffen, dass in den Feldern humanitäre Hilfe, Krisenprävention, Stabilisierung und Konfliktnachsorge künftig Taktgeber für die strategische Analyse der Bundesregierung sein soll. Dieser Ansatz scheint erfolgversprechend.

Es bedarf ferner des gesellschaftlichen Rückhalts für internationales Engagement. Hierbei kommt es auch darauf an, Einsätze zur Konfliktbewältigung in den Gesellschaften der beteiligten Nationen zu vermitteln und dadurch ein entsprechendes Verständnis zu erzeugen. Eine Gesamtstrategie ist dabei gleichfalls Voraussetzung, um auch das Vertrauen der Bevölkerung in den Krisenregionen zu gewinnen. In dieser müssen sich alle Konfliktparteien wiederfinden, auch die Verlierer. Das Herstellen und Etablieren einer staatlichen Souveränität ist dabei von herausragender Bedeutung, um das Entstehen von Parallelstrukturen zu verhindern. Elementar ist dafür der Aufbau einer vertrauenswürdigen und leistungsfähigen Sicherheits- und Justizstruktur.

Die Einsätze zur Stabilisierung fragiler Staaten müssen weiterhin präventiv, umfassend und multilateral angelegt sein. Sie bedürfen daher von Beginn an der Zusammenarbeit verschiedener Ressorts der Bundesregierung im Vernetzten Ansatz. Für eine funktionierende Kooperation erscheint es notwendig, eine Richtlinienkompetenz bei einem herausgehobenen Koordinator auf Ebene der Bundesregierung zu verankern. Diese kann im Verlauf des Engagements auch wechseln. So ist es denkbar, die Führung zu Beginn eines Einsatzes dem Bundesministerium der Verteidigung (BMVg) zu übertragen und sie nach Beendigung des militärischen Engagements und der Stabilisierung der Staatlichkeit an das AA oder das Bundesministerium für wirtschaftliche Zusammenarbeit und Entwicklung (BMZ) zu übergeben. Dabei wäre ein mögliches Vorgehen, dem verantwortlichen Ressort eine zeitlich begrenzte und zweckgebundene Weisungsbefugnis seitens der Bundesregierung zu erteilen. Nur durch eine einheitliche Führung können die Zweckmäßigkeit und Wirksamkeit des ressortgemeinsamen Vorgehens im multinationalen Umfeld gewährleistet werden. Alle relevanten Akteure (z.B. BKAmt, AA, BMZ, BMI, BMVg) müssen ihre Ressourcen zur Verfügung stellen und klare Vereinbarungen dazu treffen, die abgestimmte Gesamtstrategie umzusetzen. Eine gemeinsame Ausbildung und Vorbereitung des dazu vorgesehenen Personals erleichtert hierbei eine effektivere Zusammenarbeit im Einsatz. Das im Einsatzland koordinierende Organ (z.B. PRT) muss auf eine ausgeglichene personelle und finanzielle Ausstattung aller Ressorts zurückgreifen können und entscheidende Führungs- und Kooperationskompetenzen erhalten.

Wenn Aktivitäten und Initiativen geplant werden, darf dies nur unter Berücksichtigung der Wirkungen im Hinblick auf die Gesellschaft des fragilen Staates und seiner Machtstrukturen erfolgen. Dabei gilt es den Fehler zu vermeiden, deutsche Wertvorstellungen und Standards anzusetzen, sondern vielmehr interkulturell kompetent und kultursensibel zu agieren. Es kann unter Umständen notwendig sein, verschiedene Maßnahmen in unterschiedlichen Landesteilen zu planen, da sich lokale Strukturen voneinander unterscheiden können und die Akzeptanz der Maßnahmen dadurch stark variiert. Etablierte religiöse Netzwerke können gerade zu Beginn eines Engagements nützlich sein, da Menschen diesen oftmals mehr Vertrauen schenken als den örtlichen Politikern. Hierbei bietet sich die regelmäßige Evaluierung zur Einschätzung von Dynamiken, Risiken und unbeabsichtigten Nebenwirkungen an. Dieser Gesamtansatz ist grundsätzlich unabhängig von der in den Krisenregionen jeweils vorherrschenden Konfliktform.

Politische Lösungen dürfen dabei nie im Gegensatz zu militärischen Mitteln stehen. Militärischen Einsätzen müssen zwingend militärische Ziele gegeben werden, die dem politischen Zweck der Gesamtstrategie entsprechen. Dies gilt insbesondere dann, wenn sich der Einsatz des Militärs gegen nicht-staatliche Akteure richtet. Die grundsätzlichen Erwartungen an den Einsatz der Bundeswehr sind es, im Auftrag der Bundesregierung und mit einem Mandat des deutschen Parlamentes zur Wiederherstellung der öffentlichen Sicherheit in einer Konfliktregion militärisch beizutragen. Langfristiges Ziel muss aber die umfassende Beilegung eines Konfliktes sein. Dementsprechend kann Militär nur ein zeitlich befristetes Fenster schaffen, um Entwicklungspolitik – einschließlich dem Aufbau guter Regierungsführung – überhaupt zu ermöglichen. Die Bundeswehr alleine kann kein effizientes Instrument der Entwicklungspolitik sein. Zivil-Militärische Kooperation kann zwar Türen öffnen, durch diese müssen mittel- und langfristig allerdings die Bürger des Konfliktlandes selber treten. Dementsprechend muss die Verantwortung der Menschen für ihr eigenes Land auch in der Kommunikation und beim Aufbau staatlicher Strukturen priorisiert werden.

Ferner bedarf es der Einbindung aller Konfliktparteien und Regionalmächte zu Beginn von Friedensprozessen, die auch eine Reintegration von gegnerischen Kräften berücksichtigt. Verhandlungen zwischen Konfliktparteien müssen dabei von separaten Vereinbarungen über vertrauensbildende Maßnahmen flankiert werden. Diese haben jedoch nur dann Aussicht auf Erfolg, wenn sie so lange wie möglich vertraulich gehalten werden. Nichtsdestotrotz sind anschließende transparente Verhandlungen mit allen Konfliktparteien unabdingbar, um eine für alle einvernehmliche Lösung herbei zu führen.

Aus den genannten Erklärungsansätzen, warum die Taliban und somit Konfliktparteien im Allgemeinen den Friedensprozess verweigern, lassen sich Optionen formulieren, wie solche Akteure künftig in Friedensprozesse von fragilen Staaten eingebunden werden können.[71]

Für Akteure, die den Konflikt primär aus ökonomischer und machtpolitischer Perspektive betrachten, müssen die negativen Kosten für die Konfliktteilnahme so hoch sein, dass sie willens sind, einen Konflikt auch wirklich beenden zu wollen. Eine Strategie gegenüber diesen Akteuren könnten Verhandlungen sein, bei denen Kompromisse erzielt werden, die für beide Seiten erträglich, gesichtswahrend und vertretbar sind. Ergebnisse aus diesen Verhandlungen könnten eine Teilhabe an der Macht, finanzielle Ausgleiche, die Schaffung von Autonomieregionen oder die Förderung von gesellschaftlicher Integration sein. Das United Nations High Commissioner for Refugees (UNHCR) schlägt beispielsweise eine Umsiedlung, das so genannte »Resettlement«, von dauerhaft nicht zur Rückkehr in ihre Heimat befähigten Flüchtlingen vor.[72] Zwar muss jede Konfliktpartei Abstriche bei ihren Forderungen machen, diese müssen allerdings von den Erträgen, die ein Frieden ermöglicht, marginalisiert werden.

---

[71] Vgl. Ulrich Schneckener (2003): Warum manche den Frieden nicht wollen – Eine Soziologie der »Störenfriede«, Diskussionspapier der FG 8, 2003/01, SWP Berlin.
[72] Vgl. UNHCR: Resettlement.
http://www.unhcr.de/mandat/dauerhafte-loesungen/resettlement.html [Abruf: 02.05.2016]

Zudem setzen Akteure, für die der Konflikt zum Selbstzweck geworden ist, oftmals auf eine Alles-oder-Nichts-Strategie.[73] Für Kompromisse sind sie nicht erreichbar. Die für diese »Hardliner« erfolgversprechendste Strategie der Eindämmung zielt darauf ab, deren politischen Einfluss innerhalb der Konfliktbewegung sukzessive zu verringern, die Gruppe der Gewaltakteure somit zu spalten und letztendlich an den Rand der Gesellschaft zu drängen. Dies kann unter anderem dadurch gelingen, dass Gewalttaten, die den Friedensprozess torpedieren sollen, politisch ignoriert werden und der eingeschlagene Weg zum Frieden konsequent weiter verfolgt wird.[74]

Die Durchsetzung dieser Strategien wird allerdings unter Umständen erschwert, wenn politische Entscheidungsträger sich vormals auf die »Widerständler« abgestützt haben, so dass der Grat zwischen Kompromiss und Machtverlust an der eigenen Basis sehr schmal ist. Nicht selten handelt es sich zudem

---

[73] Anmerkung: Dies galt lange Zeit auch für die nordirische Untergrundorganisation Irish Republican Army (IRA) und die kolumbianische Rebellengruppe FARC.

[74] Vgl. Ulrich Schneckener (2003): Warum manche den Frieden nicht wollen – Eine Soziologie der »Störenfriede«, Diskussionspapier der FG 8, 2003/01, SWP Berlin.
Vgl. auch Niels Kadritzke (2015): Die große Unruhe – Afghanistan und seine Nachbarn, Le Monde Diplomatique März 2015, in: Edition Le Monde diplomatique, (17), S. 9ff.; Anmerkung: Die Fortsetzung des Friedensprozesses trotz der Ermordung des Vorsitzenden des HPC, Rabbāni, ist ein Beispiel für diesen Weg.

bei denen, die keinen Frieden wollen, um organisierte Netzwerke, in denen die Verhandlungspartner nicht eindeutig zu verorten sind. Letztendlich müssen die Konfliktparteien in sich einen Weg zum Frieden finden.

Zusammenfassend lässt sich also folgern, dass der Kern des künftigen deutschen Engagements in fragilen Staaten die Ertüchtigung und Hilfe zur Selbsthilfe auf allen Ebenen staatlichen und gesellschaftlichen Handelns sein sollte. Dazu zählen Weiterbildungen, Mentoring, Trainings und praktische Fortbildungen auf den Ebenen Regierungsführung, Sicherheit und wirtschaftliche Entwicklung sowie die intensive Förderung des politischen Ausgleichs. Ist die Konfliktprävention misslungen, kann dies jedoch nur dann gelingen, wenn zunächst durch militärisches Eingreifen ein entsprechend großes Zeitfenster in einem sicheren (Arbeits-)Umfeld für die Handlungsoptionen aller beteiligten Ressorts geschaffen wird und sich alle über die mögliche Dauer und die Kosten solcher Einsätze bereits vor der Beschlussfassung bewusst sind. Sollte Deutschland einen politisch relevanten Beitrag zur Aussöhnung zwischen Konfliktparteien leisten wollen, sollte über einen militärischen Beitrag, insbesondere zur Entmachtung einer Konfliktpartei, intensiv debattiert werden, da dadurch eine nachhaltige Vermittlerrolle verbaut werden könnte. Dabei ist im Kern stets davon auszuge-

hen, dass Einsätze in fragilen Staaten nicht innerhalb
weniger Jahre beendet werden können.

5. Implikationen für die deutsche Beteiligung an den Konflikten in Mali, Syrien und dem Irak

Die ab 2011 infolge des Arabischen Frühlings[75] in
weiten Teilen des Nahen Ostens und Nordafrikas
aufgebrochenen gesellschaftlichen Konflikte führten
vielerorts zu Regimewechseln und zur Destabilisie-
rung von zuvor jahrzehntelang bestehenden – meist
totalitären – Systemen. Die Regierungen in Ägypten,
Libyen, Syrien und Tunesien sahen sich innerhalb
kürzester Zeit mit einer massiven, gewaltsamen Bedrohung ihres Herrschaftsanspruchs durch die eige-
ne Bevölkerung konfrontiert. Obgleich die meisten
Länder Nordafrikas ihre staatlichen Strukturen erhalten und alteingesessene Herrschaftseliten die Teilhabe an der Macht sichern konnten, stürzten Länder
wie Libyen und Syrien ins Chaos. Auch Staaten in
der Peripherie dieses transnationalen Aufbegehrens –

---

[75] Anmerkung: Als Arabischer Frühling werden seit 2010 stattfindende, gesellschaftliche Umwälzungen in mehreren Ländern
Nordafrikas und dem Nahen Osten bezeichnet. Diese bis heute
andauernden, teils grundlegenden Veränderungen werden auf
politischer, wirtschaftlicher und geostrategischer Ebene als
historische Zäsur für die arabische Welt bezeichnet.

54

vor allem junger, perspektivloser Menschen – bekamen innerhalb kürzester Zeit den Druck zu spüren, den politische Veränderungen, Gewalt und kriegerische Auseinandersetzungen auslösten. So drohte das in unmittelbarer Nachbarschaft zur nordafrikanischen Mittelmeerküste gelegene Mali im Frühjahr 2013 durch Rebellen und Islamisten in den libyschen Bürgerkrieg hineingezogen zu werden, was nur durch das rasche Eingreifen einer internationalen, durch Frankreich geführten Militäroperation verhindert werden konnte.[76]

Etwa zeitgleich gelang es einer radikal-islamischen Sunnitenmiliz im Gebiet zwischen Euphrat und Tigris, die sich inzwischen Islamischer Staat (IS) nennt, große Teile des Iraks und Syriens zu erobern und dadurch tradierte Machtverhältnisse in diesen Ländern teilweise hinwegzufegen, zumindest aber auf die Probe zu stellen.

Europa hat angesichts der enormen Herausforderungen, die mit diesen außenpolitischen Entwicklungen in seiner unmittelbaren Nachbarschaft einhergehen (z.B. Flüchtlingsströme, transnational wirkender Terrorismus, Proliferation etc.) ein hohes Interesse

---

[76] Anmerkung: Operation Serval, legitimiert durch UNSCR 2085 vom 20. Dezember 2012, wurde durch die Streitkräfte Frankreichs, Malis und des Tschad, unterstützt durch viele weitere Staaten (z.B. Deutschland, USA, Russland etc.), im Zeitraum 11. Januar 2013 bis 01. August 2013 gegen islamistische Rebellen, insbesondere im Norden Malis, geführt.

daran, die fragilen Staaten in Nordafrika und dem Nahen Osten zu stabilisieren.

Deutschland hat mehrfach erklärt, mehr Verantwortung übernehmen zu wollen und beteiligt sich daher sowohl politisch als auch militärisch an multinationalen Operationen zur Konfliktbewältigung im Irak, in Syrien und Mali.[77] Allen drei Konfliktregionen gemein ist, dass die jeweiligen Regierungen derzeit nicht willens oder in der Lage sind, Sicherheit und Stabilität in allen Landesteilen zu garantieren. Zudem ist nicht absehbar, dass es in diesen Ländern zu einer militärischen Lösung der Krise, also zu einer gewaltsamen Neutralisierung einer jeweils beteiligten Partei, kommen wird. Sowohl im Irak, als auch in Syrien und in Mali schwelen Dauerkonflikte. In allen betroffenen Regionen gibt es zudem enorme ethnische, religiöse, kulturelle und soziale Spannungsfelder, deren Ursachen bereits Jahrhunderte zurück liegen, aber trotzdem als Konflikttreiber betrachtet werden müssen. Der deutsche Beitrag zur Lösung dieser Auseinandersetzungen sollte daher unterschiedliche Prämissen berücksichtigen:

(1)   Zunächst kann es eine Streitbeilegung, die vitale Interessen der Bevölkerungsgruppen vernachlässigt, nicht geben. Die Interessensspanne dieser Anspruchsgruppen kann dabei von überlebensgaran-

---

[77] Anmerkung: Für die Ausbildungsunterstützung der Bundeswehr für die kurdischen Peschmerga-Kämpfer im nordirakischen Erbil gibt es bislang kein begründendes UN-Mandat.

56

tierenden Bedingungen, über historisch gewachsene Machtverteilungsgefüge, bis hin zu unterschiedlichem Einfluss der Geschlechter auf politische Entscheidungsprozesse im Land reichen. Dabei ist grundsätzlich zu berücksichtigen, dass Interessen regional divergieren und nicht landeseinheitlich sein müssen. Eine Streitbeilegung ist dadurch eine enorme Herausforderung und bedarf eines intensiven Wissens über eine Konfliktregion und die dort lebenden Menschen. Soll eine staatliche Einheit dieser Länder erhalten werden, muss auf friedliche Aussöhnungs- und Friedensprozesse gedrängt werden. Gibt es keine Aussicht auf ein Fortbestehen der staatlichen Einheit, muss das Aussprechen des »Undenkbaren« erlaubt sein: Eine Neugestaltung staatlicher Territorien und eine Neubildung von Machtstrukturen, die sich möglicherweise gegensätzlich zu den Erwartungen der internationalen Staatengemeinschaft darstellen.

(2)   Des Weiteren muss bei den Krisen im Irak, in Syrien und in Mali bedacht werden, dass es keine Konfliktpartei gibt, die pauschal als akzeptabel oder inakzeptabel, als »gut« oder »schlecht« stigmatisiert werden darf. Die einseitige Begünstigung einer Seite oder sogar der Ausschluss einer anderen Seite aus Friedensverhandlungen ist mit hoher Wahrscheinlichkeit als Katalysator für einen Folgekonflikt zu sehen. Sowohl die andauernden Spannungen zwischen Schiiten, Sunniten und Kurden im Irak als auch der langwierige Disput zwischen afrikanischen und arabischen Stämmen und Ethnien in Mali hat

dies wiederholt gezeigt. Die Stärkung der Zivilgesellschaft – insbesondere aber eines moderaten Islams – könnte hierzu langfristig einen wichtigen Beitrag leisten; ebenso die Förderung des interreligiösen Dialoges.

(3)   Die Bundesregierung, die in Mali auf Seiten der dortigen Regierung steht und in Syrien und dem Irak gegen den IS agiert – damit de facto eine Konfliktpartei ist – kann in einem Friedensprozess gleichwohl eine wichtige Rolle als Mittler spielen. Sie ist traditionell in diesen Regionen diplomatisch gut vernetzt, hat eine bedeutende Stellung inne und genießt das Vertrauen vieler einflussreicher Regionalmächte wie Ägypten und Saudi-Arabien. Da sich Deutschland erst seit vergleichsweise kurzer Zeit aktiv an der Beilegung der Konflikte in diesen Ländern beteiligt, besteht durchaus die Chance, Deutschlands Ansehen als »uneigennütziger Makler« zur Unterstützung der Friedensprozesse zu nutzen. Dieses Momentum darf nicht auf der Zeitachse verstreichen.

(4)   Ferner sollte das dortige deutsche Engagement zur Konfliktbewältigung – ganz gleich, ob es sich dabei um entwicklungspolitische, militärische, sicherheitsberatende oder wirtschaftliche Maßnahmen handelt – einer Gesamtstrategie folgen, die innerhalb der Bundesregierung und auch mit multinationalen Koalitionspartnern abgestimmt ist. Diese Strategie muss in ihrem Nachhaltigkeitscharakter nicht grundsätzlich unumstößlich sein, sondern soll-

te konstant auf sich verändernde Bedingungen innerhalb der Konfliktbewältigung überprüft und angepasst werden.

(5)   Die Streitkräfte der Bundesrepublik Deutschland sind weltweit derzeit an 17 Auslandseinsätzen beteiligt. Acht davon finden in Ländern statt, in denen Religion ein wichtiger und einflussreicher Bestandteil der dortigen Gesellschaften ist.[78] Besonders die Auseinandersetzungen im Irak und in Syrien basieren zu großen Teilen auf Konflikten zwischen religiösen Gruppen. Dies macht es notwendig, darüber nachzudenken, religiöse Entscheidungsträger und deren Netzwerke in Konfliktregionen deutlich stärker in Lösungsprozesse zu integrieren als dies bisher oftmals der Fall war. Ohne die Unterstützung einflussreicher Geistlicher und deren Einsicht, dass internationales Engagement zur Beilegung von Krisen letztendlich zur Herstellung stabiler und sicherer Rahmenbedingungen in Gesellschaften dient, ist jedwede Initiative nicht nachhaltig und droht sogar, konterkariert zu werden. Dies schließt eine in Deutschland zu führende Diskussion zur Rolle der Religion in der Welt mit ein, um den Konfliktparteien möglichst glaubwürdig gegenüber treten zu können.

(6)   Im Zeitalter asymmetrischer Konflikte ist stets davon auszugehen, dass Beiträge zur Stabilisie-

---

[78] Anmerkung: Dies sind der Irak, Syrien, Afghanistan, Libanon, Sudan, Südsudan, Somalia, Djibouti, Mali und Westsahara.

rung von instabilen Staaten in den wenigsten Fällen kurzfristig sein können. Stattdessen ist von Beginn an damit zu rechnen, dass Maßnahmen der Bundesregierung für einen multinationalen Stabilisierungsansatz langfristig und auch mit entsprechender Wirkungstiefe angelegt sein müssen. Dies bedeutet einen hohen Ressourceneinsatz und vor allem die Vermittlung der Notwendigkeit solch langer Einsätze gegenüber der deutschen Gesellschaft. Eine Möglichkeit dies zum Ausdruck zu bringen, liegt in der Mandatierung von Auslandseinsätzen – ziviler und militärischer Anteil gemeinsam – über einen Zeitraum von mehreren Jahren und der damit einhergehenden Finanzierung. Das Recht des Parlamentes, Umfang und Auftrag des Mandates einer jährlichen Überprüfung zu unterziehen, bliebe davon unberührt. Dies wäre ein deutliches Signal hinsichtlich des eigenen Anspruches auf Nachhaltigkeit.

Zusammenfassend ist festzuhalten, dass Deutschland bereits heute viele Erfahrungen, die im Rahmen der Krisenbewältigung in Konfliktregionen der letzten 25 Jahre gesammelt wurden, in aktuell laufenden Engagements – ob zivil oder militärisch – positiv umgesetzt hat. Die Erfahrungen jahrzehntelanger Entwicklungszusammenarbeit in Krisenregionen weltweit ergänzen dies wirkungsvoll. Die Bundesregierung hat heutzutage ein hohes Interesse daran, derartige Einsätze vor allem als Berater und Ausbilder von lokalen Sicherheitsstrukturen zu gestalten. Besonders die Erkenntnisse aus den Balkaneinsätzen und Afghanistan haben eine gewisse Aversion erzeugt, selbst aktive Partei eines Konfliktes zu werden. Dieser Ansatz erscheint angesichts komplexer und umfassender Krisenbilder zweckmäßig. Eine umfassende Bewertung dieser Strategie ist allerdings erst langfristig möglich. Um den Frieden in der Welt zu wahren, sollte sich Deutschland dementsprechend auch zukünftig und verstärkt international diplomatisch, entwicklungspolitisch und militärisch engagieren. Fehler sind dabei zwar nicht auszuschließen, Zurückhaltung wird der wirtschaftlichen und gesellschaftlichen Rolle Deutschlands in der Welt heute allerdings nicht mehr gerecht. Nichts zu tun wiegt häufig schwerer, als auf der Basis einer bestmöglichen Strategie aktiv zu gestalten. Sein eigenes Handeln dabei immer wieder in Frage zu stellen, sollte Teil einer hierzulande noch zu gestaltenden politischen Fehlerkultur werden.

Abkürzungsverzeichnis

AA	Auswärtiges Amt
AMF	Afghan Military Forces
ALP	Afghan Local Police
ANA	Afghan National Army
ANAP	Afghan National Auxiliary Police
ANDS	Afghan National Development Strategy
ANDSF	Afghan National Defense and Security Forces
ANSF	Afghan National Security Forces
APPP	Afghan Public Protection Program
APRP	Afghanistan Peace and Reintegration Program
Arbaki	lokale bewaffnete Gruppen
BKAmt	Bundeskanzleramt
BMVg	Bundesministerium der Verteidigung

BMI	Bundesministerium des Innern
BMZ	Bundesministerium für wirtschaftliche Zusammenarbeit und Entwicklung
CIM	Centrum für Internationale Migration
COIN	Counterinsurgency
DDR	Disarmament, Demobilization, and Reintegration
DIAG	Disbandment of Illegal Armed Groups
HPC	Afghan High Peace Councils
FARC	Fuerzas Armadas Revolucionarias de Colombia
GIZ	Gesellschaft für internationale Zusammenarbeit GmbH
GTZ	Deutsche Gesellschaft für technische Zusammenarbeit GmbH
HIG	Hezb-e Islami Gulbuddin
HQ	Headquarters
IJU	Islamic Jihadist Union

IMU	Islamic Movement of Uzbekistan
IRA	Irish Republican Army
ISAF	International Security Assistance Force
IS	Islamischer Staat
NATO	North Atlantic Treaty Organization
NCPJ	National Consultative Peace Jirga
NGO	Non-Governmental Organization
NPP	National Priority Program
PRT	Provincial Reconstruction Team
RAND	Research and Development
RS	Resolute Support
UNAMA	United Nations Assistance Mission in Afghanistan
UNHCR	United Nations High Commissioner for Refugees
UNSCR	United Nations Security Council Resolution

| VN | Vereinte Nationen |
| ZFD | Ziviler Friedensdienst |

Autorenverzeichnis

Florian Beerenkämper, Dipl.-Kfm., forscht im Schwerpunkt zu sicherheitspolitischen Themen der inneren und äußeren Sicherheit. Er war in den Jahren 2010 und 2012 über eineinhalb Jahre für die International Security Assistance Force in verschiedenen Funktionen und Regionen, unter anderem als Kompaniechef der Task Force Mazar-E-Sharif in Afghanistan tätig. Darüber hinaus trug er 2014 als Teil der KFOR zur Stabilisierung des Kosovo bei.

Marcel Bohnert, Dipl.-Päd., ist Major der Panzergrenadiertruppe und Teilnehmer der zweijährigen Generalstabs-/Admiralstabsausbildung an der Führungsakademie der Bundeswehr in Hamburg. Er war zuvor unter anderem Kompaniechef in der Task Force Kunduz in Afghanistan und ist Verfasser zahlreicher Beiträge über den Afghanistan-Einsatz der Bundeswehr. Unter anderem ist er Herausgeber der vieldiskutierten Sammelbände »Armee im Aufbruch« und »Die unsichtbaren Veteranen«.

Anja Buresch, M.A., ist Historikerin aus Erfurt und war zwischen 2009 und 2010 in Mazar-E-Sharif und Kabul für die International Security Assistance Force in Afghanistan tätig. Ihr Forschungsschwerpunkt ist neben deutscher Außen- und Sicherheitspolitik die Regionalgeschichte Thüringens. Sie ist Autorin der Monografie zum Kriegsende in der thüringischen

Landeshauptstadt: »Kampf um Erfurt – Die amerikanische Besetzung der Stadt im April 1945«.

Sandra Matuszewski, Dipl.-StaatsWiss., ist Staatswissenschaftlerin aus Erfurt, die sich im Schwerpunkt mit der Forschung zum öffentlichen Recht und den Verwaltungswissenschaften befasst. Sie arbeitete zwischen 2009 und 2010 im afghanischen Faizābād für die International Security Assistance Force.

Carola Hartmann Miles-Verlag

<u>Politik, Gesellschaft, Militär</u>

Wolf Graf von Baudissin, *Grundwert Frieden in Politik – Strategie – Führung von Streitkräften,* hrsg. von Claus von Rosen, Berlin 2014.

Wolf Graf von Baudissin, *Der Widerstand. „… um nie wieder in die ausweglose Lage zu geraten…",* hrsg. von Claus von Rosen, Berlin 2014.

Marcel Bohnert, Lukas J. Reitstetter (Hrsg.), *Armee im Aufbruch. Zur Gedankenwelt junger Offiziere in den Kampftruppen der Bundeswehr,* Berlin 2014.

Arjan Kozica, Kai Prüter, Hannes Wendroth (Hrsg.), *Unternehmen Bundeswehr? Theorie und Praxis (militärischer) Führung,* Berlin 2014.

Angelika Dörfler-Dierken, Robert Kramer, *Innere Führung in Zahlen. Streitkräftebefragung 2013,* Berlin 2014.

Eberhard Birk, Heiner Möllers (Hrsg.), *Luftwaffe und Luftkrieg,* Berlin 2015.

Phil C. Langer, Gerhard Kümmel (Hrsg.), *„Wir sind Bundeswehr." Wie viel Vielfalt benötigen/vertragen die Streitkräfte?,* Berlin 2015.

Jéronimo L. S. Barbin, *Imperialkriegführung im 21. Jahrhundert. Von Algier nach Bagdad. Die kolonialen Ursprünge der COIN-Doktrin,* Berlin 2015.

Dirk Freudenberg, *Counterinsurgency. Aufstandsbekämpfung als Phase zur Überwindung schwacher Staatlichkeit und zur Etablierung des Aufbaus einer stabilen Nachkriegsordnung,* Berlin 2016.

Marcel Bohnert, Björn Schreiber (Hrsg.), *Die unsichtbaren Veteranen. Kriegsheimkehrer in der deutschen Gesellschaft,* Berlin 2016.

Alois Bach, Walter Sauer (Hrsg.), *Schützen, Retten, Kämpfen – Dienen für Deutschland,* Berlin 2016.

Christian Göbel, *Glücksgarant Bundeswehr? Ethische Schlaglichter auf einige neuere Studien des ZMSBw im Kontext von Sinn und Glück des Soldatenberufs, Innerer Führung und Einsatz-Ethos,* Berlin 2016.

Jahrbuch Innere Führung

Uwe Hartmann, Claus von Rosen, Christian Walther (Hrsg.), *Jahrbuch Innere Führung 2009. Die Rückkehr des Soldatischen,* Eschede 2009.

Helmut R. Hammerich, Uwe Hartmann, Claus von Rosen (Hrsg.), *Jahrbuch Innere Führung 2010. Die Grenzen des Militärischen,* Berlin 2010.

Uwe Hartmann, Claus von Rosen, Christian Walther (Hrsg.), *Jahrbuch Innere Führung 2011. Ethik als geistige Rüstung für Soldaten,* Berlin 2011.

Uwe Hartmann, Claus von Rosen, Christian Walther (Hrsg.), *Jahrbuch Innere Führung 2012. Der Soldatenberuf zwischen gesellschaftlicher Integration und suis generis-Ansprüchen,* Berlin 2012.

Uwe Hartmann, Claus von Rosen (Hrsg.), *Jahrbuch Innere Führung 2013. Wissenschaften und ihre Relevanz für die Bundeswehr als Armee im Einsatz,* Berlin 2013.

Uwe Hartmann, Claus von Rosen (Hrsg.), *Jahrbuch Innere Führung 2014. Drohnen, Roboter und Cyborgs – Der Soldat im Angesicht neuer Militärtechnologien,* Berlin 2014.

Uwe Hartmann, Claus von Rosen (Hrsg.), *Jahrbuch Innere Führung 2015. Neue Denkwege angesichts der Gleichzeitigkeit unterschiedlicher Krisen, Konflikte und Kriege,* Berlin 2015.

Einsatzerfahrungen

Kay Kuhlen, *Um des lieben Friedens willen. Als Peacekeeper im Kosovo*, Eschede 2009.

Sascha Brinkmann, Joachim Hoppe (Hrsg.), *Generation Einsatz, Fallschirmjäger berichten ihre Erfahrungen aus Afghanistan*, Berlin 2010.

Artur Schwitalla, *Afghanistan, jetzt weiß ich erst… Gedanken aus meiner Zeit als Kommandeur des Provincial Reconstruction Team FEYZABAD*, Berlin 2010.

Uwe Hartmann, *War without Fighting? The Reintegration of Former Combatants in Afghanistan seen through the Lens of Strategic Thought*, Berlin 2014.

Rainer Buske, *KUNDUZ. Ein Erlebnisbericht über einen militärischen Einsatz der Bundeswehr in Afghanistan im Jahre 2008*, Berlin ²2016.

Standpunkte und Orientierungen

Daniel Giese, *Militärische Führung im Internetzeitalter – Die Bedeutung von Strategischer Kommunikation und Social Media für Entscheidungsprozesse, Organisationsstrukturen und Führerausbildung in der Bundeswehr*, Berlin 2014.

Dirk Freudenberg, *Auftragstaktik und Innere Führung. Feststellungen und Anmerkungen zur Frage nach Bedeutung und Verhältnis des inneren Gefüges und der Auftragstaktik unter den Bedingungen des Einsatzes der Deutschen Bundeswehr*, Berlin 2014.

Uwe Hartmann (Hrsg.), *Lernen von Afghanistan. Innovative Mittel und Wege für Auslandseinsätze*, Berlin 2015.

Fouzieh Melanie Alamir, *Vernetzte Sicherheit – Quo Vadis?*, Berlin 2015.

Hartwig von Schubert, *Integrative Militärethik. Ethische Urteilsbildung in der militärischen Führung*, Berlin 2015.

Uwe Hartmann, *Hybrider Krieg als neue Bedrohung von Freiheit und Frieden. Zur Relevanz der Inneren Führung in Politik, Gesellschaft und Streitkräften,* Berlin 2015.

Klaus Beckmann, *Treue.Bürgermut.Ungehorsam. Anstöße zur Führungskultur und zum beruflichen Selbstverständnis in der Bundeswehr,* Berlin 2015.

Militärgeschichte

Dieter E. Kilian, *Adenauers vergessener Retter – Major Fritz Schliebusch,* Berlin 2011.

Ingo Pfeiffer, *Gegner wider Willen. Konfrontation von Volksmarine und Bundesmarine auf See,* Berlin 2012.

Dieter E. Kilian, *Kai-Uwe von Hassel und seine Familie. Zwischen Ostsee und Ostafrika. Militär-biographisches Mosaik,* Berlin 2013.

Peter Heinze, *Berliner Militärgeschichten,* Berlin 2013.

Ingo Pfeiffer, *Seestreitkräfte der DDR,* Berlin 2014.

Ulrich C. Kleyser, *Lazare Carnot. "Le Grand Carnot". Ein Charakterbild,* Berlin 2016.

Eberhard Birk, *"Auf Euch ruht das Heil meines theuern Württemberg!" Das Gefecht bei Tauberbischofsheim am 24. Juli 1866 im Spiegel der württembergischen Heeresgeschichte des 19. Jahrhunderts,* Berlin 2016.

Erinnerungen

Blue Braun, *Erinnerungen an die Marine 1956–1996,* Berlin 2012.

Harald Volkmar Schlieder, *Kommando zurück!,* Berlin 2012.

Reinhart Lunderstädt, *Aus dem Leben eines Hochschullehrers. Persönlicher Bericht,* Berlin 2012.

Wulf Beeck, *Mit Überschall durch den Kalten Krieg. Mein Leben für die Marine,* Berlin 2013.

Jan Becker, *Aufgewühltes Wasser,* 3 Bde., Berlin 2014.

Klaus Grot, *So war's, damals. Dienstchronik eines Pionieroffiziers im Kalten Krieg 1954–1991,* Berlin 2014.

Gustav Lünenborg, *Bürger und Soldat. Innere Führung hautnah 1956–1993, 1993–2015,* Berlin 2015.

Adolf Brüggemann, *Als Offizier der Bundeswehr im Auswärtigen Dienst. Meine Erinnerungen als Militärattaché in Seoul (Republik Korea) 1978–83 und in Prag (Tschechoslowakei/Tschechien) 1988–1993,* Berlin 2015.

Rainer Buske, *Eine Reise ins Innere der Bundeswehr. Wundersame Geschichten aus einer anderen Welt,* Berlin 2016.

www.miles-verlag.jimdo.com